A Emmanuelle Fourcade,
ma cousine

SOMMAIRE

AUX LARMES CITOYENS

Pour seule arme contre les injustices,
L'inégalité, l'abandon, l'infamie,
La dénonciation encore les sévices,
Je n'ai que mon encre pour amie.

Pour seul témoignage qui abonde
A propos de ces abominations
Commises à travers le monde,
Je n'ai que mes pleurs en accusations.

Pour toutes représailles contre les bombes,
Les familles désunies, les enfants-intestins,
Les croix ou les fosses laissées pour tombes,
Je n'ai que les ailes de mes rêves orphelins.

Mon combat reste la misère, la solitude,
L'exclusion, l'intolérance, l'inhumanité,
Pour que la Terre se nomme plénitude,
Je n'ai que mon stylo pour liberté.

Alors, je taille la mine à ce crayon
Et le brandis du haut de son charbon
Afin que ma main se fasse hayon,
Que mes mots deviennent un million.

Pour seule défense contre les supplices,
Les viols, les enrôlements, les tueries,
Les maltraitances, les cicatrices,
Je n'ai hélas que mes propres furies.

Aussi, aux larmes citoyens,
Pour que nos revendications unies
Voient ces faux politiciens, ces doyens
Ployer sous nos voix à l'unisson meurtries.

<u>JEUX DE LOIS</u>

Tu entends ça ! Partout on parle de ça !
A la télé, à la radio, dans les journaux,
Ces hommes d'état qu'on montre du doigt,
Ces baffoueurs de lois,
Ces violeurs de droits.

Depuis les balcons,
On voyait les explosions
De cette surpopulation
Entassée comme des lions
Dans un 9m2 à Simplon.

Je parle de ces espèces
En voie de disparition
A quinze dans un deux-pièces
Survie en cohabitation,
Pas de colocation.

On ne leur a pourtant pas demandé
Aux immigrés si leurs billets colorés
L'étaient autant que leur nationalité.
On les a encaissés au prix fort d'un loyer
Garanti cent pour cent vétusté.

Ici ce n'est pas le jeu de l'oie
Tu n'es jamais le premier
Dans le tortueux parcours,
Mais soumis à leurs jeux de lois,
Le dernier à obtenir du secours.

Je me souviens de cette mère,
Elle avait acheté pour la rentrée
Des chaussures pour la petite dernière
Or vu que dans l'incendie elle a brûlé,
Les souliers finiront aux ordures.

Ce n'est pas au paradis
Qu'ils manqueront de place
Les grands et les petits,
Ils auront enfin de l'espace
Et une vie pleine de grâce.

J'ai bien ri de voir le Ministre
Venir avec sa parade du cuistre
Clamer dans son discours d'automate
« Que ces gens soient dignement logés ! »
En pensant « Cela fera moins de sans-papiers… »

Il fallait bien jouer les concernés,
Mais mon bon con, on a tous cerné,
Qu'à l'approche de l'élection,
Tous veulent la part du lion,
Il faut feindre la compassion.

Mais ici, tu n'es pas dans la Matrice,
Tous ceux partis en fumée
Ce n'était pas du sacrifice.
Ils n'ont pas eu le temps de réaliser
Qu'ils faisaient partie du brasier.

Dire qu'il a fallu ces tragédies là
Pour rappeler les droits de l'Homme,
Depuis que le monde est monde en somme,
Ce n'est certainement pas aux politiciens
Que j'irais demain serrer la main.

LA PLUME ET L'ENCLUME

Si aujourd'hui ma plume
Est une enclume
C'est en hommage
Aux enfants sages
Droits comme des images.

D'une main, il l'a soulevé
Et s'est acharné
A lui faire encore payer
Cette maudite journée
Qu'il venait de passer.

Il n'a pas eu le temps
De finir son dessin
Ni de poser son crayon
Que son petit front
Pissait déjà le sang.

Comme ce n'était pas assez,
Avec la première chaise
Il l'a tabassé jusqu'au malaise
Puis sur le sol il l'a laissé
Comme une bête brisée.

Un jour peut-être,
Il ne se relèvera pas.
Des fois, il voudrait être
Passé de vie à trépas
Et attend que sonne le glas.

Des anges à qui on ôte les ailes
Déjà à la naissance, si petits,
Il y en a hélas à la pelle
Qu'on passe à tabac et roue
Sous le silence des coups.

Quand on sait que ce sont les parents
Qui sont les bourreaux de leurs enfants,
Pas de clémence, pas d'indulgence
Face à l'innocence meurtrie,
Aucune excuse, aucun pli.

Quand à celui qui sait mais se tait,
Il cautionne d'autant celui qui agit
Or il ne l'emportera pas au paradis,
Pour le coup, la loi du Talion
Est une véritable bénédiction.

Ma plume devenue enclume,
Mes larmes de l'écume,
Quand j'exhume, j'exhorte
Ma révolte pour ces petits sans colts
Victimes à un âge aussi tendre.

<u>LE DIEU MONNAIE</u>

Depuis que le monde est monde
On le dit : attention à la bête immonde !
Pourtant vous nourrissez plus que jamais
Ce monstre avide et sa planche à billets.

Au Diable toutes les religions !
Allons, vénérons plutôt les addictions
Aux faux-besoins, ces faux prophètes
Qui vous font perdre pied et la tête.

C'est ce fameux Dieu Monnaie
Qui est aujourd'hui votre godemichet
Unisexe, pour les futurs et les ex
Celui qui désinhibe vos complexes.

Malgré toutes leurs belles promesses,
Tels des chiens ils vous tiennent en laisse
Ces corrompus aux gouvernements,
Faiseurs de troubles, de boniments.

Affectionnant particulièrement le vert,
Ce puissant papier couleur Lucifer
Vient s'immiscer la nuit sous vos draps
Pour assouvir vos désirs les plus bas.

Alors tandis que les peuples croulent
Sous les bombes, que le sang coule,
Le monde devient plus individualiste
A peur de l'autre vil, peut-être raciste.

C'est la Diva des temps modernes
Sous ses airs de Reine de Saba elle berne
Nantis et parvenus, convoite les nus
Pour mieux dominer les nouveaux-venus.

Tel un loup, le plus illustre des dirigeants
Veille sur ses lingots d'or et d'argent
Assurant aux principaux pays occidents
Que leurs trésors sont bien gardés, il ment.

C'est ce fameux Dieu Monnaie
Qui est aujourd'hui votre godemichet
Unisexe, pour les futurs et les ex
Celui qui désinhibe vos complexes.

LE RENONCEMENT DES ANGES

A force de nous voir polluer la Terre,
Faire de son pétrole du sang de verre,
L'étouffer de nos gestes à effet de serre,
Les Anges en sont venus à se taire.

A force de nous voir faire la guerre,
Fuir comme un animal qui se terre,
Foudroyer l'autre comme le tonnerre,
Les Anges en sont venus à se soustraire.

A force de voir les morts sur le parterre,
D'étirer cet étau qui sur nous se resserre,
De compter les corps sous la pierre amère,
Les Anges en sont venus à s'y faire.

A force de voir les animaux qu'on enterre,
De délaisser nos chants pour Dieu le Père,
De constater le peuple louant le billet vert,
Les Anges ont nommé notre monde ossuaire.

A force de voir les chefs dresser l'équerre,
De laver les cieux de nos encres de fer,
De lire nos âmes ivres de folie meurtrière,
Les Anges nous ont abandonné leurs prières.

Et si durant de nombreux millénaires,
Les Anges ont veillé sur nous en stellaires,
Dorénavant, ces majestueux émissaires
Nous ont laissé être nos propres sanctuaires.

LES FOULES AUTOMATES

Sens-tu la boue, le soufre et le sang
Enduisant ton visage innocent ?
Ressens-tu les ravages de l'acide
Sur tes membres invalides ?
Entends-tu le pas de l'étranger ?
Il vient prendre ta vie militarisée.

Tels des pantins de bois peint
Ils hissent l'étendard au petit matin,
Le regard fier, le casque lustré
Ils pensent à leur femme, à leur bébé,
Puis parfumant leur torse de ferraille,
Ils partent rutilants au champ de bataille.

Allez, vaillants soldats de plomb,
Formez en rang vos bataillons
Et faites de la chair à canon,
Obéissez, fils, à la loi du talion
Honorez leur sacro-sainte religion,
Aucune pitié, aucune rédemption.

Voici venu le jour du grand défilé
A la gloire de tous les mutilés,
Tonnez tambours, sonnez trompettes
Sur la prestigieuse avenue en fête,
Pour ceux qu'on décore et qu'on flatte,
D'être les héros de ces foules automates.

LES VERSETS CHIMERIQUES

On n'est pas encore revenu
Du pays des terres amères
Là où le sang vomit ses artères
Et crache à la gueule des noyés
Ses louanges, ses hymnes sacrés,
Allez, infidèles et corrompus,
Et pourrissez donc en paix
A l'ombre du même olivier.

Vois se refléter sur le Dôme du Rocher
Les drapeaux et symboles des insurgés,
Tous ces visages, toutes ces couleurs
Dont tu ne dois plus avoir peur
Car désormais c'est cet astre doré
Qu'il te faudra toujours prier
Si tu veux un jour revoir
Luire le soleil dans ton miroir.

Ce ne sont pas des feuilles mortes
Qu'on ramasse ici à la pelle,
Ce sont des fusillés, des lapidés,
Des âmes aux portes condamnées
Pour n'avoir renié sous l'exhorte
Les Patriarches et autre Tour de Babel,
C'est le pays des dieux conjurés
Des saigneurs de guerre appelés.

La nuit n'a plus de paupières
Et déverse son incessant flot cruel
Sur les vaillants et les opprimés,
Quand le plomb manque aux hirondelles
A quoi bon vouloir fuir les rats ?
A quoi bon résister au trépas ?
Est-ce pour la foi ou la raison ?
En vérité, ils ne savent pas ce qu'ils font.

Aussi face au ciel,
Je m'adresse au Père Eternel :
« Seigneur, si pour te plaire,
Il fallait redevenir poussière
Et faire de nos cendres
L'onguent pour tes anges tendres,
Bannirais-tu les temps adamiques
Ou bénirais-tu ces versets chimériques ? »

Je suis sceptique…

L'ARMEE SANS VISAGE

Ils ont déferlé un soir sans prévenir
Telle une armée de démons pour nuire
A ceux qu'ils nomment les mécréants
Les infidèles encore les ignorants.

D'une voix et d'un geste commun
Ils ont tiré sur une foule enjouée
Venue écouter chanteur et musiciens
Que bientôt les balles ont raflé.

Au nom d'Allah et de son prophète,
Cette armée sans visage répand le sang,
Les larmes, la terreur, leur seule quête
D'un monde pour Dieu en commandant.

Blasphémateurs, maudits célèbres !
Vous qui osez agir au nom du Créateur
Oeuvrez pour le Seigneur des Ténèbres
Tirant les ficelles de vos vies de leurres.

Ce sordide jour du 13 novembre,
Désormais sinistre anniversaire,
Est empli de corps sans membre
De voix qui à jamais vont se taire.

En mémoire de chacun d'eux,
J'érige un arc-en-ciel permanent
Pour leur dire combien ce sont eux
Qui ont en réalité terrassé ces déments.

MARCHANDS DE LOUPS

Aux cieux gris et irascibles
Je lance mes bouquets de nerfs,
Aux colombes et autres cibles
J'inscris sur le livre de pierre
Le nom des maudits garde-fous,
Ces marchands de loups.

Aux terres lointaines et brûlées,
Mon regard s'est parcheminé
D'avoir vu tant de trop vieux,
Les bannis, ces lépreux,
Qui font de leur seule peau,
Vil manteau, leur tombeau.

Aux mers avortées, ces berceaux de vie,
Je dédie mes hymnes et mes poésies
Quand de leurs fièvres muettes
Transpirent leurs révoltes tempêtes,
Je m'en vais alors panser leur ventre
De cet onguent qui rend ivre l'antre.

Aux muses vénales, aux vents chimériques,
Je rends miroirs, dentelles et arsenic,
Aux soleils levants, aux lunes d'orient,
Je vends sueurs, larmes et sang,
Puisse le fervent sceau épiscopal
Sceller vos âmes nées sépulcrales.

PILLEURS DE MONDES

Tels des parents cruels et maltraitants,
Ils t'affligent de coups accablants
En pillant tes richesses, tes contenants
Comme ils le font avec les éléphants.

N'importe où leurs regards se portent,
Ce n'est que pour saigner la veine aorte
Des mers et sols que la Terre transporte
Pour mieux s'abreuver de son âme morte.

Qu'ils soient braconniers ou usuriers,
Ils reposent leur tête sur l'oreiller
De leurs seuls intérêts, l'ivoire, l'acier,
Le bois, au plus offrant du marché.

Affamés telle une meute de charognes,
Ils dévorent ton ventre sans vergogne,
Tes mines d'or, d'argent qu'ils lorgnent
En rois du monde, ces vils borgnes.

Un à un, ces marchands de loups
Ont provoqué le juste courroux
De la nature qui se révolte partout
Nous rappelant combien elle est tout.

C'est le cri des animaux qu'on égorge,
Des champs qu'on prive de blé et d'orge,
Des océans, des rivières qu'on engorge,
Des barreaux aux cieux que l'on forge.

PLUS JAMAIS

Dis Monsieur, pourquoi mon cher père
Depuis qu'il n'est plus un agriculteur,
Ne travaille plus la terre qu'il disait mère ?

Pourquoi aussi lorsque le soleil se lève,
Il va dans la grange vomir en croyant
Que seules ses brebis sentent qu'il crève ?

Moi je ne suis qu'un jeune enfant,
Agé seulement de six ans, et pourtant
Vois mes parents compter leur argent.

Dis Monsieur, pourquoi les gens tout autour
Ont peur, crient, pleurent dès qu'un bruit sourde
Alors qu'ils vont faire leurs courses en plein jour ?

Qui sont ceux qui au lieu d'avoir des crayons
Font du peuple pauvre de faibles maillons
Au nom de quoi Monsieur ? La loi du talion ?

Moi si j'étais Président de la République,
Mes copains seraient arcs-en-ciel de peau,
Personne ne connaîtrait ni coup ni trique.

Plus jamais de ce monde qui n'en peut plus,
De ceux que la guerre a eus, du sourire des pendus,
Des enfants dont les mots se sont perdus.

Et parmi les bombes moi qui suis un vagabond,
Alors au fond, à quoi bon tout cela….
Et pourquoi tout cela ?

<u>SOUMISSION</u>

Dans quelle langue faut-il leur parler
A ces fanatiques qui ne cessent de prêcher
Que seul leur divin livre est sacré
En rejetant selon eux le troupeau égaré ?

Brandissant leurs puissantes mitraillettes,
Ils utilisent leurs voix telles des baïonnettes
Pour proclamer leur loi à la baguette
Sous couvert d'Allah et son prophète.

Tel un murmure lancinant, ils s'immiscent
Dans les jeunes têtes fragiles et novices
D'une génération ne craignant nul sacrifice
Pourvu qu'on les loue pour leurs services.

Quant à leurs femmes, ils posent leurs talons
Faisant d'elles de simples tables de salons,
Car ce qu'ils imposent à l'autre est restriction,
Dissolution, annihilation, pure soumission.